Novena
# San Alejo
Por Laila Pita

© Calli Casa Editorial, 2012
Yhacar Trust 2021

Todos los derechos registrados. Prohibida la reproducción total o parcial de esta obra en todo su contenido: texto, dibujos, ideas e ilustraciones de portada, sin autorización por escrito.

www.solonovenas.com
#2500-785

# BIOGRAFÍA

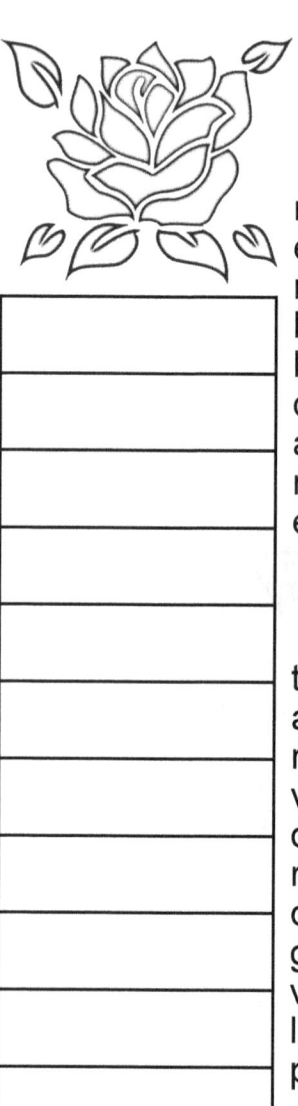

San Alejo, hijo de Eufemiano, opulento senador de Roma. El día que el muchacho se unió en matrimonio con una joven, huyó, algo en su corazón le indicó que su destino era dedicarse a realizar la más alta de las aspiraciones y la renuncia más excelsa por el amor al Reino de Dios.

Alejo comienza un largo peregrinaje hacia tierras extrañas, llegando a Edesa. Cuanta la historia que cuando llegó todavía era rico, pero al paso del tiempo fue dando sus riquezas a los necesitados, convirtiéndose en mendigo como tantos otros que vagan suplicando por una limosna, la cual también reparte.

Su padre al ver que no regresa, manda cien esclavos a buscarlo, prometiendo honor y riqueza

al que lo encuentre.

Alejo se ve obligado a salir de Edesa y por azares del destino regresa a Roma. Su padre no le reconoce y por caridad le da albergue en un rincón bajo la escalera de su casa, creyéndolo un mendigo pero sigue buscándolo. Así vivió 17 años siendo ejemplo de paciencia, humildad y pobreza.

Ahí murió, se dice que en la mano tenía una carta en la que declaraba quien era y todo su amor a sus padres y esposa.

## MILAGRO

Entre los muchos milagros que realizó San Alejo, se encuentra el de un hombre enfermo del corazón, con pocas esperanzas de salvarse, pero con una gran fe en los designios de Dios.

A este hombre le realizaron un importante operación a corazón abierto, los médicos creyeron que a pesar de sus esfuerzos este hombre no se salvaría, pero tal fue su fe con la que se encomendó a San Alejo, que rezando con fervor todo el tiempo que pudo estar consciente, pudo dar testimonio del milagro de seguir vivo, aumentando la devoción en todos aquellos que lo escucharon.

## ORACIÓN DIARIA

San Alejo, ejemplo de humildad y pobreza, tu corazón guarda amor y belleza.

Tú que ahuyentas el mal, no permitas que mi alma sea frágil como cristal, dame la fuerza para no caer en un mar de tristeza, enséñame a seguir tu ejemplo tan especial y refugiarme en un mundo espiritual.

Divino Señor que escogiste un camino de dureza y te enfrentaste a tanta vileza, ante ti me inclino y prometo ser leal, poner a la ambición como rival y llevar mi vida con humildad.

## HAGA SU PETICIÓN

Querido San Alejo:

Aquí estoy a tus pies pidiendo ayuda. No me desampares, querido santo.

Te pido que me ayudes en.....

(haga su petición)

Gracias por escucharme y por que yo se bien que tú enviarás ayuda a este fiel creyente. Amén.

Padre Nuestro, que estás en el cielo, santificado sea tu nombre; venga a nosotros tu reino; hágase tu voluntad, en la tierra como en el cielo. Danos hoy nuestro pan de cada día; perdona nuestras ofensas, como también nosotros perdonamos a los que nos ofenden; no nos dejes caer en la tentación, y líbranos del mal. Amén.

Dios te salve, María, llena eres de gracia, el

Señor es contigo. Bendita tú eres entre todas las mujeres, y bendito es el fruto de tu vientre: Jesús. Santa María, Madre de Dios, ruega por nosotros, pecadores, ahora y en la hora de nuestra muerte. Amén.

Gloria al Padre, al Hijo y al Espíritu Santo. Como era en el principio, ahora y siempre, por los siglos de los siglos. Amén.

## DÍA PRIMERO

Señor que renunciaste a la vida marital, abandonando riqueza total, escucha mis ruegos desesperados y atiende a mis llamados. Hoy la confusión invade mi portal, causándome una lesión mortal, mis ojos de llorar están cansados.

Transmíteme tu gran fortaleza espiritual, arranca de mí el mal de forma radical, guárdame de vagar por senderos intrincados, lanza hacia mí tus rayos dorados y me guíen al proyecto ideal. Envuélveme en tu abrazo paternal, para que olvide dolores pasados. Señor perdona mis pecados. Alma buena de fineza natural, luz de noche y día en el umbral.

Padre Nuestro, que estás en el cielo, santificado sea tu nombre; venga a nosotros tu reino; hágase tu voluntad, en la tierra

como en el cielo. Danos hoy nuestro pan de cada día; perdona nuestras ofensas, como también nosotros perdonamos a los que nos ofenden; no nos dejes caer en la tentación, y líbranos del mal. Amén.

Dios te salve, María, llena eres de gracia, el Señor es contigo. Bendita tú eres entre todas las mujeres, y bendito es el fruto de tu vientre: Jesús. Santa María, Madre de Dios, ruega por nosotros, pecadores, ahora y en la hora de nuestra muerte. Amén.

Gloria al Padre, al Hijo y al Espíritu Santo. Como era en el principio, ahora y siempre, por los siglos de los siglos. Amén.

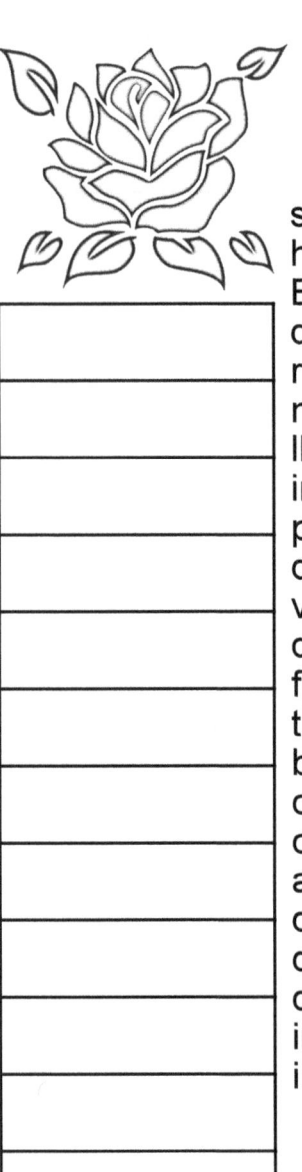

## DÍA SEGUNDO

Se ha presentado Señor un enemigo indeseable, su presencia ha hecho mi vida miserable. Bendito San Alejo del mundo el mal ahuyentas, te ruego que para alejarlo de mí uses tus herramientas, llenas de amor y bondad interminable, en aura de paciencia formidable. No quiero caer en actitudes violentas, avanzar en claridad y no ir a tientas. Confiado cierro los ojos porque tu respuesta será favorable, salida de esa fuente de comprensión inagotable, con las que tranquilizas las aguas turbulentas, a cualquier hambriento su comida salpimientas, hombre de proceder eternamente impecable, de fe y respeto invulnerable.

Padre Nuestro, que estás en el cielo, santificado sea tu nombre; venga a nosotros tu reino; hágase tu voluntad, en la tierra como en el cielo. Danos hoy nuestro pan de cada día; perdona nuestras ofensas, como también nosotros perdonamos a los que nos ofenden; no nos dejes caer en la tentación, y líbranos del mal. Amén.

Dios te salve, María, llena eres de gracia, el Señor es contigo. Bendita tú eres entre todas las mujeres, y bendito es el fruto de tu vientre: Jesús. Santa María, Madre de Dios, ruega por nosotros, pecadores, ahora y en la hora de nuestra muerte. Amén.

Gloria al Padre, al Hijo y al Espíritu Santo. Como era en el principio, ahora y siempre, por los siglos de los siglos. Amén.

## DÍA TERCERO

Mi respetado amigo, has llevado una vida de mendigo, sin saberlo, tu propio padre te dio abrigo. Ejerce tu poder para que el maligno no toque mi hogar, has que nunca lo mire y no pueda entrar. Si algún daño hace no quede sin castigo y sea desechado como rosigo, desvíalo del camino y a mi casa no pueda entrar. Sin importar dónde busque no me pueda hallar. Alabado San Alejo del pecado fugitivo, dulce y bueno como el pan de trigo, anduviste hambriento y sin abrigo, día con día encontraste algo para dar, repartiendo al necesitado sin el defecto mirar.

Padre Nuestro, que estás en el cielo, santificado sea tu nombre; venga a nosotros tu reino; hágase tu voluntad, en la tierra como en el cielo. Danos hoy nuestro pan de cada día;

perdona nuestras ofensas, como también nosotros perdonamos a los que nos ofenden; no nos dejes caer en la tentación, y líbranos del mal. Amén.

Dios te salve, María, llena eres de gracia, el Señor es contigo. Bendita tú eres entre todas las mujeres, y bendito es el fruto de tu vientre: Jesús. Santa María, Madre de Dios, ruega por nosotros, pecadores, ahora y en la hora de nuestra muerte. Amén.

Gloria al Padre, al Hijo y al Espíritu Santo. Como era en el principio, ahora y siempre, por los siglos de los siglos. Amén.

## DÍA CUARTO

Bienaventurado seas sembrador de caminos, de educación cortés y modales finos. Has renunciado a la comodidad y al dinero tornándote en humilde viajero. Escucha mis súplicas con tus oídos divinos y ahuyenta de mi trabajo enemigos clandestinos. Tratar bien a mis amigos y atender al forastero para tener siempre un empleo duradero. Dame la intuición para detectar ataques repentinos, de personas ingratas de procederes dañinos, para que no entorpezcan el buen trato entre el patrón y el obrero. En tu camino por tierras extrañas donde fuiste extranjero, refulgieron en las oscuridades tus rayos diamantinos.

Padre Nuestro, que estás en el cielo, santificado sea tu nombre; venga a nosotros tu reino; hágase tu voluntad, en la tierra

como en el cielo. Danos hoy nuestro pan de cada día; perdona nuestras ofensas, como también nosotros perdonamos a los que nos ofenden; no nos dejes caer en la tentación, y líbranos del mal. Amén.

Dios te salve, María, llena eres de gracia, el Señor es contigo. Bendita tú eres entre todas las mujeres, y bendito es el fruto de tu vientre: Jesús. Santa María, Madre de Dios, ruega por nosotros, pecadores, ahora y en la hora de nuestra muerte. Amén.

Gloria al Padre, al Hijo y al Espíritu Santo. Como era en el principio, ahora y siempre, por los siglos de los siglos. Amén.

## DÍA QUINTO

Quiero aprender de ti San Alejo misericordioso, lo que nos has enseñado con amor generoso. He cometido miles de equivocaciones, las cuales acepto y pido me perdones. Llévame a conocer ese mundo maravilloso, lleno de conocimientos luminosos, de aprendizajes y reflexiones, para saber cuándo cerrar la boca y no entrar en discusiones, que solo llevan al enfrentamiento peligroso y me apartan de alcanzar el cielo glorioso. Porque tú durmiendo en los rincones, bajo escaleras y en deplorables condiciones, jamás declinaste ni te pusiste furioso, en el fondo de tus carencias fuiste un hombre piadoso.

Padre Nuestro, que estás en el cielo, santificado sea tu nombre; venga a nosotros tu reino; hágase tu voluntad, en la tierra

como en el cielo. Danos hoy nuestro pan de cada día; perdona nuestras ofensas, como también nosotros perdonamos a los que nos ofenden; no nos dejes caer en la tentación, y líbranos del mal. Amén.

Dios te salve, María, llena eres de gracia, el Señor es contigo. Bendita tú eres entre todas las mujeres, y bendito es el fruto de tu vientre: Jesús. Santa María, Madre de Dios, ruega por nosotros, pecadores, ahora y en la hora de nuestra muerte. Amén.

Gloria al Padre, al Hijo y al Espíritu Santo. Como era en el principio, ahora y siempre, por los siglos de los siglos. Amén.

## DÍA SEXTO

La Gloria del Santo Padre sea contigo. Ángeles y Arcángeles fueron testigos de tu bondad, abnegación y paciencia. Sonriendo y actuando con transparencia, cuando tu vida caía como del árbol el higo, manifestaste amor a tu esposa y padres y aun tu enemigo, sin importar te trataran con indiferencia, tú jamás mostraste impaciencia. Te dirijo esta oración para que protejas a mi hijo del desobligo y lo ayudes a ser un buen amigo, cuando cometa error sea tratado con indulgencia y se mantenga apartado de toda mala influencia. Bendito San Alejo que mi niño aprenda contigo.

Padre Nuestro, que estás en el cielo, santificado sea tu nombre; venga a nosotros tu reino; hágase tu voluntad, en la tierra como en el cielo. Danos hoy nuestro pan de cada día; perdona nuestras ofensas, como también nosotros perdonamos a los que nos ofenden; no nos dejes caer en la tentación, y líbranos del mal. Amén.

Dios te salve, María, llena eres de gracia, el Señor es contigo. Bendita tú eres entre todas las mujeres, y bendito es el fruto de tu vientre: Jesús. Santa María, Madre de Dios, ruega por nosotros, pecadores, ahora y en la hora de nuestra muerte. Amén.

Gloria al Padre, al Hijo y al Espíritu Santo. Como era en el principio, ahora y siempre, por los siglos de los siglos. Amén.

# DÍA SÉPTIMO

Si he de trabajar para ganarme el pan, que no me lo arrebate el rufián, si con mi trabajo he de ganar dinero, no me convierta en un ser altanero, y si por el contrario sea yo un azacán, actúe con bien y no como pelafustán, pobre o rico sea yo como tú un caballero y ante todo tu buen ejemplo esté primero. Seas tú Señor mi mejor consejero. Protégeme para que el indeseable no toque a mi zaguán, ni a mi familia pique el alacrán. Venerable viajero, ante ti me quito el sombrero y te doy mi amor verdadero.

Padre Nuestro, que estás en el cielo, santificado sea tu nombre; venga a nosotros tu reino; hágase tu voluntad, en la tierra como en el cielo. Danos hoy nuestro pan de cada día; perdona nuestras ofensas, como también nosotros perdonamos a los que nos ofenden; no nos dejes caer en la tentación, y líbranos del mal. Amén.

Dios te salve, María, llena eres de gracia, el Señor es contigo. Bendita tú eres entre todas las mujeres, y bendito es el fruto de tu vientre: Jesús. Santa María, Madre de Dios, ruega por nosotros, pecadores, ahora y en la hora de nuestra muerte. Amén.

Gloria al Padre, al Hijo y al Espíritu Santo. Como era en el principio, ahora y siempre, por los siglos de los siglos. Amén.

## DÍA OCTAVO

Divino protector de infatigable andar, nunca tus milagros han de parar. Bajo tu protección yo me amparo y tus disposiciones acepto sin reparo. Te suplico que los males que me aquejan comiencen a cambiar y el transcurso de mi vida aclarar, porque si el maligno entra se paga caro y se apodera de mi alma con descaro. Con tanto desasosiego puedo yo enfermar, evita que se introduzca a mi casa a gobernar, si lo hace lo eches fuera como disparo, con tu poder le hagas entrar en el aro y de su propio mal se pueda liberar.

Padre Nuestro, que estás en el cielo, santificado sea tu nombre; venga a nosotros tu reino; hágase tu voluntad, en la tierra como en el cielo. Danos hoy nuestro pan de cada día; perdona nuestras ofensas, como también nosotros perdonamos a los que nos ofenden; no nos dejes caer en la tentación, y líbranos del mal. Amén.

Dios te salve, María, llena eres de gracia, el Señor es contigo. Bendita tú eres entre todas las mujeres, y bendito es el fruto de tu vientre: Jesús. Santa María, Madre de Dios, ruega por nosotros, pecadores, ahora y en la hora de nuestra muerte. Amén.

Gloria al Padre, al Hijo y al Espíritu Santo. Como era en el principio, ahora y siempre, por los siglos de los siglos. Amén.

## DÍA NOVENO

Alabado San Alejo ayudar ha sido tu sino, misericordioso corazón alabastrino, ante ti yo me arrodillo, te bendigo y lloro de alegría como un chiquillo. Me acerco a ti para hacerte una petición por un temor repentino, que se ha presentado a mí como torbellino y atormenta mi espíritu como herida de cuchillo. Destierra de mi camino aquel de proceder mezquino y déjame andar con el de actuar cristalino. Correr libre y sereno como en el campo el corderillo, respirar el aire limpio y del sol sentir su brillo, al igual que tú glorioso peregrino.

Padre Nuestro, que estás en el cielo, santificado sea tu nombre; venga a nosotros tu reino; hágase tu voluntad, en la tierra como en el cielo. Danos hoy nuestro pan de cada día; perdona nuestras ofensas, como también nosotros perdonamos a los que nos ofenden; no nos dejes caer en la tentación, y líbranos del mal. Amén.

Dios te salve, María, llena eres de gracia, el Señor es contigo. Bendita tú eres entre todas las mujeres, y bendito es el fruto de tu vientre: Jesús. Santa María, Madre de Dios, ruega por nosotros, pecadores, ahora y en la hora de nuestra muerte. Amén.

Gloria al Padre, al Hijo y al Espíritu Santo. Como era en el principio, ahora y siempre, por los siglos de los siglos. Amén.

## ORACIÓN FINAL

Del hogar saliste como estrella fugaz, para llevar a todos los rincones la paz. Te diste completo para hasta el último pedazo de pan repartir y la palabra verdadera transmitir. Para ahuyentar al indeseable eres audaz, de alma pura y blanca como alcatraz. A mi casa y mi trabajo al mal no dejes invadir, ni el corazón de los míos dejes abatir. Que no me engañe por un disfraz y no me convenza un regalo falaz. Enséñame a mi hermano nunca herir, con palabras y promesas que no he de cumplir. Bendito Santo de ley eficaz.

Padre Nuestro, que estás en el cielo, santificado sea tu nombre; venga a nosotros tu reino; hágase tu voluntad, en la tierra como en el cielo. Danos hoy nuestro pan de cada día; perdona nuestras ofensas, como también nosotros perdonamos a los que nos ofenden; no nos dejes caer en la tentación, y líbranos del mal. Amén.

Dios te salve, María, llena eres de gracia, el Señor es contigo. Bendita tú eres entre todas las mujeres, y bendito es el fruto de tu vientre: Jesús. Santa María, Madre de Dios, ruega por nosotros, pecadores, ahora y en la hora de nuestra muerte. Amén.

Gloria al Padre, al Hijo y al Espíritu Santo. Como era en el principio, ahora y siempre, por los siglos de los siglos. Amén.

Papá Dios: que tu sabiduría nos guíe; que tu luz ilumine nuestro camino; que tu amor nos de paz; que tu poder nos proteja, y que por donde quiera que caminemos, tu presencia nos acompañe. Gracias Papá Dios que ya nos oíste. Amén.

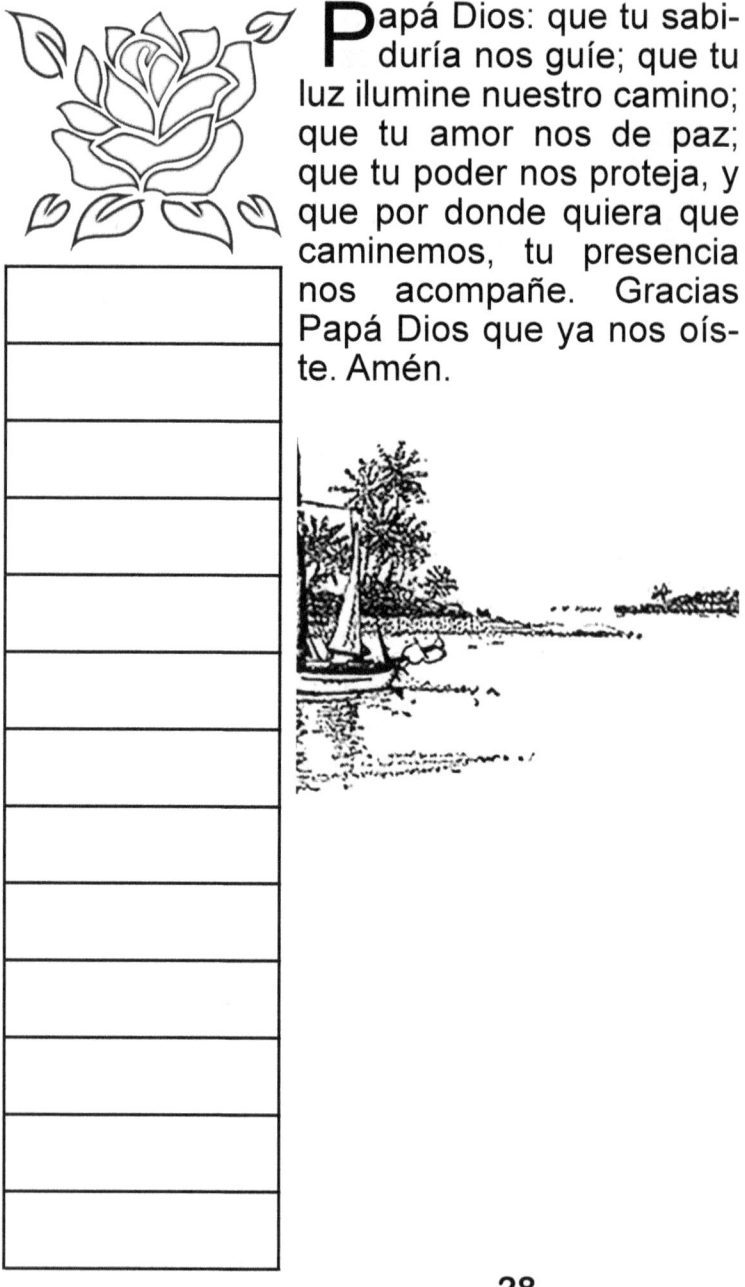

www.ingramcontent.com/pod-product-compliance
Lightning Source LLC
Chambersburg PA
CBHW070634150426
42811CB00050B/305